MAURO IMPARATO

BILANCIO SOTTO CONTROLLO

Come Leggere Un Bilancio Aziendale In 60 Secondi e Scoprire Le Criticità Con Il Metodo Delle Correlazioni

Titolo

"BILANCIO SOTTO CONTROLLO"

Autore

Mauro Imparato

Editore

Bruno Editore

Sito internet

http://www.brunoeditore.it

Sommario

Ai miei Nonni

Prefazione

Saper leggere un bilancio è cosa fondamentale per qualsiasi imprenditore o investitore e oggi, se ci pensiamo bene, tutti possiamo essere imprenditori (anche di noi stessi) o investitori. Quante persone sono in cerca di informazioni per capire dove poter investire i propri risparmi, anche se magari di modesta entità? Bot, obbligazioni, azioni e imprese, attività di vario genere. Come fare per discernere il buon investimento da quello cattivo, quali principi mi possono guidare per avere la possibilità di puntare sul cosiddetto "cavallo vincente"?

Tramite le mie società di studi finanziari ho visto, troppo spesso, fare acquisizioni di aziende o partecipazioni, destinate poi a rivelarsi errate perchè fatte sull'onda emotiva di un semplice aumento di fatturato, ad esempio, con un controllo di bilancio tarato su aspetti non fondamentali.

L'analisi e lo studio delle realtà aziendali purtroppo si basavano su teorie di lettura obsolete.

Anche io, in passato, per analizzare operazione finanziarie o un investimento trascorrevo molto tempo con il mio staff di analisti, sapevamo che il bilancio è in fondo un testo parlante se si comprende il suo linguaggio.

Oggi con questo metodo sono in grado di fare un primo screening in tempi molto rapidi. Dopo aver usato questo metodo e averlo insegnato ai miei collaboratori, abbiamo un risultato in 60 secondi.

Leggiamo tra le righe di chi ha redatto il bilancio, riusciamo in tal modo a valutare più operazioni e a diminuire gli errori. Ottimizzare il nostro tempo ha ottimizzato anche il rendimento economico.

Consiglio di rileggere questo testo molte volte e scoprirete, come ho scoperto io, di apprendere ogni volta delle nozioni in più.

Sono dell'idea che questo manuale dovrebbe diventare un *vademecum*, quasi un breviario da portare con sé per averlo sempre a portata di mano.

Dott. Antonio Quintino Chieffo
CEO di AC FINANCE Centro Studi Finanzia

Introduzione

"...Non basta solo il volere nella vita, è necessario avere capacità di programmazione, essere convinti della meta prescelta per essere custodi di tale vita, essere forti per superare i momenti critici che il percorso eletto ci impone."

Queste parole sono tratte dal best-seller Amazon "Vivi da leader" di Alex Abate e dipingono in maniera molto efficace le qualità che deve avere colui che per lavoro, per necessità, per curiosità, speculazione o altro desidera immergersi nel periglioso mondo dell'economia e della finanza, un viaggio che, se iniziato, non sai dove ti potrà portare.

E come prima di ogni viaggio ci impegniamo a preparare la valigia cercando di separare ciò che può essere utile da quello che invece rischia di essere superfluo, così noi cercheremo di non farci distrarre dai dati poco significativi e dalle informazioni fuorvianti, a favore invece di uno strumento snello e facile da applicare per sollevare il velo grigio di incomprensione che spesso avvolge un documento importante come il bilancio di un'azienda.

E infatti, l'esperienza in banca e poi quella ormai più che decennale come dottore commercialista mi hanno permesso di individuare quelli che gli anglosassoni definiscono *driver*, vale a dire i fattori determinanti: gli elementi che più di altri caratterizzano il contesto aziendale. L'opportunità di esaminare la contabilità e i bilanci di centinaia di società, la possibilità di verificare come la percezione delle caratteristiche salienti di un'azienda fosse spesso offuscata o deviata dalla difficoltà di capire cosa davvero potevano comunicare alcuni dei dati contenuti in un bilancio, mi ha indotto a pensare questo libro e farlo diventare realtà. Inoltre, essere cronometrista ufficiale della Federazione Italiana Cronometristi da oltre vent'anni, nonché l'essere anche Presidente del Collegio dei revisori dei conti della medesima federazione, mi ha indotto a ideare un sistema "a tempo".

Questo manuale è rivolto a tutti coloro che hanno l'esigenza di ricavare da un bilancio informazioni utili per le loro scelte e valutazioni, senza dover per forza laurearsi in Economia o avere competenze specifiche del settore.

L'obiettivo è quello di far risaltare alcune informazioni che sono già presenti nel bilancio, ma che a causa del modo in cui esso viene rappresentato non emergono a prima vista.

Molte informazioni sono nascoste nell'ombra in attesa di essere riportate alla luce; per ottenere questo risultato ho scelto di tralasciare l'ambito accademico a favore di alcuni strumenti facili da usare e che non prevedano dotazioni particolari da parte del lettore.

Qualcuno obietterà che esistono centinaia o forse migliaia di libri, volumi e tomi corposi che spiegano come redigere un bilancio, come dare la giusta valutazione di tutte le voci presenti in esso, come leggerlo e riclassificarlo ecc., e che quindi questo manuale non avrebbe ragione di esistere.

Ti propongo una semplice analogia: quando hai preso la patente hai imparato le regole del Codice della Strada e hai fatto le prove di guida con gli istruttori, hai poi (magari al primo tentativo) superato l'esame e da quel momento ti è stato permesso di circolare liberamente alla guida di un'auto... hai mai conosciuto qualcuno che sia stato costretto a studiare ingegneria meccanica o leggere un trattato sulla dinamica dei fluidi o la fisica degli attriti per avere la patente? Ecco, non credo proprio!

Allora per leggere il bilancio e trarne le informazioni che più ti interessano non devi per forza essere un commercialista, un revisore contabile o un professore universitario di economia, ma devi semplicemente acquisire la padronanza di alcuni strumenti appositamente ideati per TE.

Questo manuale vuole avere un taglio prettamente operativo così, già nel secondo capitolo, metterò a tua disposizione dei sistemi veloci e diretti per poter toccare con mano, da subito, come avvicinarsi a un bilancio e carpirne alcuni aspetti fondamentali – una prima chiave di lettura.

Hai mai provato a leggere uno spartito musicale? Se non sei un musicista o un melomane, rimani interdetto quando ti trovi di fronte a un foglio con cinque righe orizzontali (il pentagramma) e una serie di puntini, astine, e altri segni astrusi e incomprensibili. Se però quello stesso foglio lo metti in mano a chi ha studiato musica (e non deve essere per forza un'eccellenza come il Maestro De Zen o il compositore Bepi De Marzi), quei segni improvvisamente prendono vita e vengono letti con semplicità disarmante. Cos'è accaduto? Loro sono intelligenti e capaci mentre tu no? La verità è che loro hanno a disposizione la chiave di lettura giusta e quindi riescono a capire il messaggio, a interpretarlo correttamente.

Se ci pensi bene il bilancio di un'azienda è proprio come quello spartito, se alle note e alle pause sostituisci i numeri e i totali ti sembrerà sempre di avere davanti una serie di segni e dati sconclusionati, se però entri in possesso della giusta chiave di lettura allora ogni cosa sembra andare al suo posto e l'ordine vince sul caos.

Come spesso accade è questione di tecnica, con la tecnica giusta diminuisci lo sforzo migliorando il risultato, proprio quello che mi ripropongo di insegnarti a fare.

Usa le tecniche che ti verranno via via illustrate e non solo ridurrai il tempo impiegato per la comprensione dei dati presenti in un bilancio, ma riuscirai ad averne una diversa e migliore visione d'insieme.

Sarà come guardare da qualsiasi angolazione tu preferisca qualcosa che prima potevi osservare da un unico lato, come se prendessi un oggetto da una vetrina e potessi finalmente rigirarlo fra le mani, scoprendone tutte le particolarità.

Il *metodo delle correlazioni* richiede alcune conoscenze di base (che ti saranno fornite già dal capitolo 1), alcune nozioni di economia, e ha il vantaggio di essere veloce. Questo strumento è potente e flessibile e al tempo stesso semplice, perché deve essere alla portata di tutti.

Devi conoscere le operazioni elementari (addizione, moltiplicazione, divisione e sottrazione); non ti chiedo di riportare alla luce vecchie conoscenze di equazioni di secondo grado, logaritmi, trigonometria o studio delle funzioni… solo le quattro operazioni fondamentali.

Ricorda però che senza la giusta *attenzione* e senza avere le giuste *strategie* anche il compito più banale può trasformarsi in un buco nell'acqua.

Il futuro è ignoto e individuare quale tra le infinite possibilità abbia il maggior grado di probabilità di realizzarsi è praticamente impossibile, ma i nostri antenati latini già dicevano *audentes fortuna iuvat*, la fortuna aiuta gli audaci: per cui prendi il coraggio a due mani e affronta l'arduo compito di leggere un bilancio aziendale senza passare ore o giorni con la testa china sulla scrivania. Impara a dare un senso a quei numeri in sessanta secondi.

Non ci credi? Meglio, significa che la tua soddisfazione sarà ancora più grande quando ti renderai conto di esserci riuscito, e proprio in sessanta secondi.

Buona lettura!
Mauro

Capitolo 1:

Bilancio... che noia!

Inutile negarlo, quando ti capita un bilancio tra le mani non sprizzi gioia da tutti i pori e i tuoi occhi non si illuminano d'immenso, probabilmente preferiresti essere dal dentista piuttosto che doverti confrontare con un documento fatto di numeri e indicazioni tutt'altro che chiare.

Però ti rendi conto che ci sono momenti in cui è opportuno e doveroso arrischiarsi in tale operazione: volenti o nolenti un bilancio ha la presunzione di descrivere quello che è successo nell'azienda in un determinato periodo di tempo (solitamente l'anno solare, ma ci sono a volte eccezioni).

Ma a noi non è sufficiente leggere queste descrizioni, abbiamo un bisogno assoluto è più importante degli altri: abbiamo bisogno di *capire*.

Non importa se sei un dipendente, un professionista o un

imprenditore, le motivazioni che ti portano alla lettura di un bilancio possono essere molteplici.

Il dipendente ha bisogno di capire se l'azienda per la quale lavora procede bene o se si trova in difficoltà.

Il professionista o il consulente hanno bisogno di capire se le strategie aziendali in atto ottengono risultati adeguati o se è più utile cambiare tattica o strategia.

L'imprenditore, forse più di tutti gli altri, ha bisogno di capire se la propria impresa presenta delle criticità, ma deve anche capire cosa accade alle imprese concorrenti, o individuare punti di forza e di debolezza di imprese che vorrebbe acquistare.

L'investitore, a maggior ragione, volendo investire i propri soldi, ha la necessità di capire se si trova di fronte a una realtà con una spiccata vocazione alla crescita o con alte potenzialità, oppure se quello che si trova a esaminare è un progetto lontano dal proprio profilo di rischio.

SEGRETO n. 1: l'imprenditore, il consulente, il dipendente, l'investitore, lo studente hanno bisogno di capire cosa c'è in un bilancio per prendere la decisione più opportuna.

Il tessuto economico della nostra nazione è intriso di piccole e medie aziende, e l'attività produttiva, indipendentemente dal settore che più potrebbe interessarci, è sostenuta da queste realtà.

In ogni nicchia del mercato ci sono aziende, magari sconosciute ai più, e avere la capacità di esaminare con tempestività i loro dati può diventare un fattore strategico per il proprio business.

Cercare di avere una visione panoramica, ma al tempo stesso efficace e veloce, serve a risparmiare l'unica risorsa che è davvero limitata: il *tempo*.

Ormai hai capito che il nocciolo della questione è la necessità di estrarre dal bilancio dati e informazioni sintetiche, una sorta di concentrato di vitamine; informazioni con la "I" maiuscola che ci offrano quindi un valido supporto operativo per il nostro processo decisionale. Ma adesso dobbiamo fare un piccolo passo indietro, che ci tornerà utile per i prossimi capitoli.

Come accennato prima, il nostro Paese è caratterizzato da un sostrato economico composto perlopiù da aziende medie e piccole, anzi talvolta piccolissime, e in realtà non tutte hanno l'obbligo di redigere il bilancio.

Ciò avviene perché queste realtà economiche hanno la possibilità di adottare sistemi contabili e fiscali meno elaborati: in questi casi si parla di aziende in contabilità semplificata. Quando invece, per motivi dimensionali o di opportunità, viene adottata una contabilità più completa e complessa si parla di contabilità ordinaria. È quest'ultima che dà vita al bilancio vero e proprio come lo intendiamo noi.

SEGRETO n. 2: rendere più veloce l'analisi di un bilancio significa poter risparmiare sulla risorsa più scarsa che ci sia: il tempo.

La struttura del bilancio

Passiamo ora a una veloce introduzione alle caratteristiche della struttura di un bilancio, così da poterne affrontare la lettura con cognizione di causa. Il bilancio può essere rappresentato in diversi modi: a sezioni contrapposte, a scalare, aggregato ecc. La struttura del bilancio è espressamente prevista dal Codice Civile (cfr art.2424 e 2425) e, quindi, è inequivocabilmente la seguente:

Stato patrimoniale → ATTIVITÀ / PASSIVITÀ

Conto economico → COSTI / RICAVI

Non importa in che modo venga visualizzato, comunque sia abbiamo due grandi famiglie (*stato patrimoniale* e *conto economico*) ognuna delle quali divisa a sua volta in due sezioni (*attività / passività* e *costi / ricavi*).

Ogni sezione, a sua volta, si suddivide in raggruppamenti identificati da lettere maiuscole: A, B, C, D…

Ma non è finita qui, perché all'interno dei raggruppamenti vi sono i sottogruppi, rappresentati con numeri romani: I, II, III ecc., e ognuno di questi contiene dei "conti" contrassegnati con numeri arabi: 1, 2, 3 e così via, e in taluni casi un numero arabo è ulteriormente suddiviso in sottoconti contraddistinti da lettere minuscole: a, b, c, ecc.

SEGRETO n. 3: il bilancio è formato da stato patrimoniale, che a sua volta si divide in attività e passività, e conto economico, che si divide in costi e ricavi.

Quindi all'interno di un bilancio abbiamo individuato ben sei livelli:

Esempio 1

Stato patrimoniale

    Attivo

        B) IMMOBILIZZAZIONI

           III – Immobilizzazioni finanziarie

              1) Partecipazioni in:

                a) Imprese controllate

In realtà ci sarebbe un ulteriore livello, ancora più specifico, utilizzato per le registrazioni contabili, ma per ora lo tralasciamo.

È importante conoscere il metodo di classificazione delle voci nel bilancio perché col tempo si potranno semplificare le scritture necessarie per indicare una certa voce.

Quella descritta nell'esempio precedente potrebbe essere ridotta nella formula compatta:

SP – A – BIII – 1a

N.B.: leggendo da sinistra verso destra si passa dal livello superiore a quelli inferiori.

Esempio 2

Stato patrimoniale

    Passivo

        D) DEBITI

            1 – Esigibili entro l'esercizio successivo

            FORNITORI

La scrittura compatta, in questo caso, risulterebbe **SP - P - D - 1**, con ulteriore specifica del conto FORNITORI. In questo caso siamo arrivati a specificare fino al livello di massima profondità della struttura del bilancio.

Se diamo uno sguardo al conto economico le cose sostanzialmente non cambiano, avremo una struttura a livelli sempre più specifici e la possibilità di un'annotazione compatta di tipo univoco.

Esempio 1

Conto economico

> B) COSTI DELLA PRODUZIONE
>> 9) Per il personale:
>>> a) Salari e stipendi

Possiamo trascriverla anche come **CE – B – 9a**.

Anche scrivendola nella maniera lineare (quella cioè breve) invece che in quella scalare (quella più estesa) non c'è possibilità di errore: l'indicazione è comunque univoca, la voce a cui questa scrittura fa riferimento non può essere fraintesa.

Esempio 2

Conto economico

> A) VALORE DELLA PRODUZIONE
>> 1) Ricavi delle vendite e delle prestazioni

Utilizzando la trascrizione compatta indicheremo: **CE - A - 1**, con la sicurezza che in questo modo avremo indicato esattamente i "ricavi delle vendite" presenti nel conto economico.

In questo manuale le voci che verranno utilizzate per i calcoli saranno indicate sia nel modo esteso che in quello compatto, così non potranno esserci fraintendimenti di sorta.

N.B.: può accadere che nel corso del tempo la struttura di un bilancio, e quindi la nomenclatura usata per indicare alcune voci, possano cambiare. In questo caso potrebbe essere necessario modificare l'annotazione breve di riferimento ma i concetti espressi non cambiano, la loro validità rimane inalterata.

SEGRETO n. 4: un bilancio è costituito secondo una forma preordinata, con livelli di approfondimento successivi, e ogni conto può essere rappresentato in maniera univoca.

Il rumore di fondo
Ora ti sei fatto un'idea di massima di come siano strutturati i bilanci ma, come accennato prima, oltre i sei livelli di profondità esaminati nel paragrafo precedente, che insieme contengono più

di 130 voci diverse, ce n'è un altro, quello dei *sottoconti*.

In quest'ultimo livello tutte le voci dei livelli precedenti sono suddivise in maniera più analitica, ad esempio tra le spese per servizi abbiamo:

- spese per telefonia fissa
- spese per telefonia mobile
- energia elettrica
- canone homebanking ecc.

Oppure nella voce "debiti" dello stato patrimoniale abbiamo singoli riferimenti a:

- debiti verso le banche
- debiti per IVA
- stipendi da liquidare ecc.

In questo caso mi sono limitato ad accennare a qualche esempio ma, in realtà, non c'è un limite preciso al numero di sottoconti che si possono creare: dipende da quanto specifica e puntuale vuole essere la rappresentazione dei conti e dalla volontà del redattore del bilancio stesso.

Così facendo, i sottoconti possono risultare centinaia.

Allora sì che la questione si complica: prendere in considerazione centinaia di voci differenti che presentano valori che possono andare da un euro a centinaia di migliaia di euro o più crea solo confusione.

È come quando si ascolta la radio ma non si riesce a trovare la giusta sintonizzazione della stazione che vogliamo ascoltare, qualche parola si sente qualche altra no, le canzoni sono fastidiosamente interrotte da scariche elettriche, a volte si ha la sovrapposizione tra stazioni radio diverse, insomma... un caos totale.

Immaginare di dover guardare, soppesare e comprendere ogni singola riga di un bilancio, partendo dal presupposto di avere una dozzina di pagine da scartabellare, è probabilmente il motivo principale per il quale non porteresti mai a termine un tentativo del genere.

È come se, dovendo acquistare un'automobile, invece di usare solo alcuni criteri discriminanti (cilindrata, consumi, abitabilità e così via) pretendessi dal concessionario di esaminare ogni singolo bullone, vite, rivetto ecc.

Per evitare che questo fastidioso rumore di fondo e, quindi, che occasionali scariche elettriche disturbino la tua concentrazione, ti consiglio di non soffermarti su tutti questi dati.

L'esempio dell'acquisto di un'auto è particolarmente calzante, del resto siamo abituati a semplificare le cose perché altrimenti non saremmo mai in grado di fare delle scelte. La verità è che quotidianamente facciamo scelte, e inconsciamente scartiamo quello che non è importante per focalizzarci sugli aspetti che invece riteniamo essenziali.

Dobbiamo semplificare per non cadere nella trappola di voler considerare ogni punto e ogni virgola. Considera il metodo delle correlazioni come una mappa geografica nella quale sono disegnate le strade principali, senza il groviglio di linee che verrebbe a crearsi se il cartografo volesse rappresentare ogni singolo sentiero o stradina di campagna o anfratto; la mappa sarebbe sì completa, ma illeggibile.

La precisione se portata all'eccesso diventa controproducente, e invece abbiamo l'obiettivo di semplificare. Per semplificare dobbiamo fare qualche sacrificio e, in questo caso, faremo volentieri a meno delle voci con scarsa significatività.

Se hai fra le mani un bilancio che presenta le voci distribuite su tutti i livelli, sottoconti compresi, hai un documento che contiene davvero tantissime informazioni... forse troppe! Non ti preoccupare, va bene lo stesso, devi solo seguire le istruzioni che ti darò ed estrapoleremo una serie di dati dall'elevato grado di utilità.

E adesso al bando la noia, cominciamo a prendere confidenza con un modo diverso di leggere il bilancio. Prima di conoscere meglio il metodo delle correlazioni, faremo conoscenza, nel prossimo capitolo, con uno strumento che ci accompagnerà nel nostro lavoro.

SEGRETO n. 5: l'eccesso di precisione può trasformarsi in un nemico, è importante semplificare la massa di informazioni per conservare solo quelle realmente necessarie.

RIEPILOGO DEL CAPITOLO 1:

- SEGRETO n. 1: l'imprenditore, il consulente, il dipendente, l'investitore, lo studente hanno bisogno di capire cosa c'è in un bilancio per prendere la decisione più opportuna.

- SEGRETO n. 2: rendere più veloce l'analisi di un bilancio significa poter risparmiare sulla risorsa più scarsa che ci sia: il tempo.

- SEGRETO n. 3: il bilancio è formato da stato patrimoniale, che a sua volta si divide in attività e passività, e conto economico, che si divide in costi e ricavi.

- SEGRETO n. 4: un bilancio è costituito secondo una forma preordinata, con livelli di approfondimento successivi, e ogni conto può essere rappresentato in maniera univoca.

- SEGRETO n. 5: l'eccesso di precisione può trasformarsi in un nemico, è importante semplificare la massa di informazioni per conservare solo quelle realmente necessarie.

Capitolo 2:
Come fare un... semaforo

Il semaforo è un sistema di comunicazione visiva comune per tutti, è internazionale, comodo, facile da interpretare, per cui può essere usato anche in senso traslato rispetto alla sua funzione di segnalatore stradale.

Per cui adotteremo i tre colori del semaforo, verde, giallo e rosso, per assegnare un significato ai diversi risultati che calcoleremo.

Per essere più chiari:

- il semaforo sarà verde quando la valutazione di una delle correlazioni che calcoleremo risulterà positiva;
- il semaforo sarà giallo per i casi in cui la valutazione sarà intermedia;
- il semaforo sarà rosso quando valuteremo che il risultato esprime una condizione di criticità.

Così facendo saremo in grado di ordinare all'interno di una

tabella tutti i risultati ottenuti, con il vantaggio di avere anche una rappresentazione visiva di immediata comprensione.

In linea generale abbiamo due sistemi alternativi per ordinare i risultati "semaforici": il sistema a colonna e il sistema a griglia.

SEGRETO n. 1: il semaforo è un sistema di comunicazione visiva estremamente efficace perché facile e intuitivo: con l'uso dei colori verde, giallo e rosso puoi capire subito il risultato dei tuoi calcoli.

Esempio 1

Supponiamo che i risultati dei miei indici di correlazione siano: tre semafori verdi, due gialli, uno rosso. Ordinando in colonna, avremo:

VERDE

VERDE

VERDE

GIALLO

GIALLO

ROSSO

Se invece scegliamo di ordinarli con il sistema a griglia (una colonna diversa per ogni colore) allora la disposizione sarà:

VERDE	GIALLO	ROSSO
VERDE	GIALLO	
VERDE		

N.B.: è a scelta del lettore se porre al vertice della colonna o alla sinistra della griglia il semaforo verde, il risultato finale evidentemente non ne viene scalfito.

Esempio 2

Se, invece, abbiamo ottenuto: un verde, tre gialli e due rossi, la tabella a colonna si svilupperà in questo modo:

VERDE

GIALLO

GIALLO

GIALLO

ROSSO

ROSSO

Mentre la visualizzazione a griglia apparirà in questo modo:

VERDE	GIALLO	ROSSO
	GIALLO	ROSSO
	GIALLO	

Per rendere ancora più efficace entrambe le modalità di rappresentazione dei risultati, si devono colorare le caselle con i rispettivi colori.

Usare la griglia, quindi una colonna diversa per ogni singolo colore, è un modo per avere un immediato impatto visivo e quindi capire al volo se il bilancio che stiamo leggendo è positivo o presenta rilevanti criticità.

La visualizzazione a colonna è invece più utile quando si esegue un esame più approfondito del bilancio, come ti descriverò nel capitolo 4.

Il semaforo sarà il tuo strumento di sintesi, e per ogni indice di correlazione troverai la descrizione del colore del semaforo più adatto al risultato ottenuto.

SEGRETO n. 2: il semaforo permette di strutturare i risultati ottenuti in forma di colonna, oppure in forma di griglia; a seconda delle proprie esigenze sarà preferibile una delle due alternative.

La cassetta degli attrezzi

La prima regola per fare un buon lavoro è quella di dotarsi di una cassetta degli attrezzi contenente tutti gli strumenti che possono tornare utili.

In questo caso siamo fortunati perché gli strumenti richiesti sono alla portata di tutti e facilmente reperibili:

- carta e penna
- una calcolatrice
- pennarelli verde, giallo e rosso per il semaforo
- un cronometro
- attenzione, concentrazione e pazienza

Avrai notato che tra gli strumenti c'è anche un cronometro: non è un errore di stampa, nell'introduzione ho scritto che arriverai a farti un'idea del bilancio in sessanta secondi, e il cronometro ti servirà per verificare il tempo impiegato di volta in volta. Con l'attenzione dovuta e la pratica necessaria verificherai tu stesso di essere in grado di fare le tue valutazioni in sessanta secondi.

Se hai raccolto tutto il materiale elencato, allora adesso sei pronto per cominciare.

SEGRETO n. 3: dobbiamo dotarci di una cassetta degli attrezzi, pochi e semplici accorgimenti che ci permetteranno però di eseguire ordinatamente e correttamente il metodo.

Test "in" o "out"

Questo è uno dei test che eseguo su ogni bilancio, per fare una prima importante scrematura. A seguito del risultato di questo test il bilancio che ho per le mani può avere due destinazioni:

1) la mia scrivania per le successive valutazioni;

2) il cestino (rigorosamente quello differenziato per la carta).

Controlliamo il *patrimonio netto*, che come dice la parola stessa serve a identificare il patrimonio di un'azienda, in un certo senso la sua ricchezza. Il patrimonio netto è quello che contiene il cosiddetto *capitale sociale* (e le sue riserve), in poche parole il capitale di partenza della società.

Siccome è una grandezza che è esplicitamente presente in tutti i bilanci diamogli uno sguardo.

Il percorso per trovare il patrimonio netto è:

(tempo stimato 3 secondi)

Stato patrimoniale

Passivo

A – PATRIMONIO NETTO

Quindi nell'annotazione compatta: **SP – P – A.**

Prendi nota del totale del patrimonio netto:

- se questo totale è minore di zero, allora sei di fronte a uno *zombie*(*), cioè una società morta che ancora non sa di esserlo;
- se il totale è inferiore a 10.000(**) euro la situazione deve essere monitorata con cautela;
- se il totale del patrimonio netto è pari a 10.000(**) euro o maggiore, allora vi è un maggior equilibrio.

(*) La società che si trova in questa situazione ha consumato tutto il proprio patrimonio, pertanto dovranno intervenire i Soci oppure si dovrà procedere a liquidazione e chiusura.

(**) Ho preso a riferimento il valore minimo del capitale sociale di una SRL (Società a Responsabilità Limitata), ma ovviamente puoi modificare questo parametro in base alle caratteristiche della società che stai esaminando.

SEGRETO n. 4: con il test "in" o "out" sarai in grado di fare la prima importante verifica sui bilanci che vuoi controllare, chi è "in" è dentro, chi è "out" è fuori.

Visto che hai eseguito il tuo primo controllo, questo test mi offre il pretesto per farti calcolare il primo vero indice di correlazione: la *correlazione storica del patrimonio.*

Questa correlazione è definita storica perché è un breve racconto della storia dell'attività, vale a dire che ci informa sulla capacità dell'azienda di accantonare i profitti prodotti nel tempo.

Considerala come una specie di test avanzato:

(tempo stimato 5 secondi)

Patrimonio netto / Capitale sociale

Nell'annotazione compatta:

SP – P – A / SP – P – AI = indice

Esempio: se ho un patrimonio di 50.000 euro e un capitale sociale di 10.000, allora avrò un indice pari a 5 (50.000/10.000), che significa che al momento attuale la società ha incrementato il proprio patrimonio iniziale di 5 volte.

[SEMAFORO VERDE]

Se invece il patrimonio fosse di 12.000 euro l'indice scenderebbe a 1,2 (12.000/10.000): l'azienda ha accantonato poco, non è molto strutturata dal punto di vista patrimoniale.

[SEMAFORO GIALLO]

Quando l'indice è inferiore a 1 significa che stiamo consumando la dotazione iniziale: è evidente che l'attività non è redditizia, non solo non sono stati accantonati dei profitti ma c'è produzione di perdite.

[SEMAFORO ROSSO]

N.B.: i limiti possono essere personalizzati, ma io ti consiglio di non modificare il limite di 1 per valutare un semaforo rosso, e di 2 per il semaforo giallo.

Prima di passare ai prossimi capitoli, ti propongo il secondo test "in" o "out".

Test "in" o "out" 2

Come ti ho detto nel paragrafo precedente, in occasione della descrizione del primo test "in" o "out", eseguire questo controllo ha lo scopo di individuare senza indugi se esiste un problema così rilevante da determinare la bocciatura immediata di quel bilancio (il caso *zombie*) o se invece può essere ancora oggetto di nostro interesse.

Il primo test che ti ho descritto aveva come riferimento lo stato patrimoniale e valutava l'esistenza e la consistenza del patrimonio

37

netto, nel secondo test invece ci concentriamo sul conto economico, con il calcolo della *percentuale di copertura*.

(tempo stimato 6 secondi)
ricavi delle vendite / costi merci (o materie prime) = %

L'annotazione breve che ci permette di "scovare" dove andare a prendere i numeri che servono per trovare la percentuale:

CE – A – 1 / CE – B – 6

N.B.: per ottenere la percentuale devi moltiplicare per 100 il risultato ottenuto.

La percentuale di copertura è il valore che indica se i ricavi dell'azienda sono in grado di "coprire" quanto meno i costi per l'acquisto delle merci (prodotti finiti, semilavorati o materie prime che siano), tanto più alta la percentuale, maggiore risulta questa propensione.

Vediamo qualche esempio, sempre rigorosamente tratto da bilanci veri:

Esempio 1

Ricavi delle vendite   →   177.303

Costo delle merci   →   40.690

% di copertura   →   435%

Siamo tutti d'accordo che nel caso esposto la percentuale di copertura sia molto importante e non desti preoccupazioni.

Esempio 2

Ricavi delle vendite   →   551.286

Costo delle merci   →   534.084

% di copertura   →   103 %

In questo esempio abbiamo una percentuale di copertura che per un soffio supera il 100%, ma a differenza di quanto si può pensare di primo acchito, non è un risultato soddisfacente.

Ricorda che tra le innumerevoli voci di costo abbiamo preso in considerazione solo quella che riguarda l'acquisto di merci, quindi se i nostri ricavi sono appena sufficienti a "coprire" questa spesa è probabile che aggiungendo anche gli altri costi aziendali andremo inesorabilmente in territorio negativo.

N.B.: il test 2, nella formulazione che ti ho mostrato, è adatto principalmente per le aziende con ricavi derivanti dalla cessione di beni.

Test "in" o "out" 2 – con variante

Il test 2 può essere applicato con una variante, così da superare eventuali difficoltà nella valutazione del tipo di attività che svolge l'azienda sotto esame. La variante consiste nel calcolare la percentuale di copertura non per forza sulla voce di costo B6 (merci, ecc.), ma scegliendo come denominatore della divisione il valore più alto tra i valori di B6 – B7 – B8 – B9.

Esempio 1

Ricavi delle vendite   →   211.965

B6   →   27.969

B7   →   **74.472**

B8   →   8.639

B9   →   0

% di copertura → 284% (calcolo su B7)

Dai dati (che ti ricordo sono veri, tratti da bilanci depositati presso le camere di commercio) appare chiaro che prendere a riferimento la voce di costo B6 poteva essere fuorviante nell'analisi aziendale; meglio invece il costo B7 (che si riferisce ai servizi), che comunque nell'esempio riportato ha determinato il calcolo di un indice di copertura sicuramente positivo.

N.B.: i termini *impresa*, *società*, *azienda* e *attività*, seppure da un punto di vista accademico abbiano significati e valenze differenti, vengono in questo manuale usati come sinonimi semplicemente perché identificano il soggetto titolare del bilancio che è oggetto di studio.

SEGRETO n. 5: con i test "in" o "out" e le loro varianti puoi capire se ti trovi di fronte a situazioni di imprese ormai decotte o addirittura *zombie*.

RIEPILOGO DEL CAPITOLO 2:

- SEGRETO n. 1: il semaforo è un sistema di comunicazione visiva estremamente efficace perché facile e intuitivo: con l'uso dei colori verde, giallo e rosso puoi capire subito il risultato dei tuoi calcoli.

- SEGRETO n. 2: il semaforo permette di strutturare i risultati ottenuti in forma di colonna, oppure in forma di griglia; a seconda delle proprie esigenze sarà preferibile una delle due alternative.

- SEGRETO n. 3: dobbiamo dotarci di una cassetta degli attrezzi, pochi e semplici accorgimenti che ci permetteranno però di eseguire ordinatamente e correttamente il metodo.

- SEGRETO n. 4: con il test "in o out" sarai in grado di fare la prima importante verifica sui bilanci che vuoi controllare, chi è "in" è dentro, chi è "out" è fuori.

- SEGRETO n. 5: con i test "in o out" e le loro varianti puoi capire se ti trovi di fronte a situazioni di imprese ormai decotte o addirittura *zombie*.

Capitolo 3:
Cash Cow vs Bottomless Pit

Mi rendo conto che questo titolo sembra più uno scioglilingua che altro, ma nasconde dei concetti molto interessanti, e soprattutto molto utili.

Cominciamo a capire di cosa stiamo parlando: *cash cow* (letteralmente "mucca da soldi") è quella situazione in cui si ha un'attività che tende a generare grandi flussi di liquidità; è un concetto che deriva da quello più diffuso di *cash flow* (flusso di cassa), vale a dire la capacità di un'azienda di autosostenersi tramite i propri incassi.

Bottomless pit (letteralmente "pozzo senza fondo") indica quei casi in cui invece di avere disponibilità di liquidità l'azienda ha bisogno di ricorrere continuamente a capitali esterni (finanziamenti dei soci, mutui, prestiti ecc.).
In questo caso i tempi di incasso tendono a essere più lunghi e

quindi la disponibilità di denaro deve essere cercata altrove.

Perché è un elemento da non sottovalutare?

Per rispondere a questa domanda permettimi di farne io una a te, preferiresti avere:

1) un fatturato di 1.000.000 di euro e sperare di incassare questo denaro entro i successivi 8-9 mesi (sottolineo di aver utilizzato il termine "sperare") e nel frattempo dover pagare fornitori, bollette, ecc.

oppure

2) concentrarti su un'attività con ricavi inferiori ma che vengono sicuramente incassati entro 30 giorni?

Lo so che la domanda è ultrasemplificata e che dovremmo avere anche altri parametri di scelta, ma ha lo scopo di focalizzare la tua attenzione sull'importanza di avere denaro liquido per pagare dipendenti, fornitori, tasse ecc. e non dover anticipare di tasca propria somme che poi potresti avere difficoltà a incassare.

Avrai capito che io preferisco la soluzione numero 2.

Ogni volta che un'azienda non può sostenersi con mezzi propri e quindi deve fare ricorso al credito presso banche, finanziarie ecc., questo ha un costo: il tasso di interesse e varie altre voci (istruttoria, gestione ecc.). Questi costi sono evidentemente un aggravio di spesa che aumenta proprio all'aumentare del tempo necessario per incassare i propri crediti dai clienti. Quindi normalmente vi è una relazione diretta tra le spese sostenute per oneri finanziari e i crediti verso clienti. Una significativa incidenza degli oneri finanziari equivale a una minore percentuale di redditività dell'attività, tanto che non sono stati rari i casi di aziende costrette a chiudere per l'esosa incidenza degli interessi bancari.

SEGRETO n. 1: le aziende possono assomigliare a delle *cash cow* e produrre liquidità, oppure a un *bottomless pit*, il cosiddetto pozzo senza fondo.

Allora come possiamo fare per avere un indice che rappresenti in modo attendibile la tendenza di una determinata attività a essere cash cow o, come abbiamo detto prima, un bottomless pit?

E qui è di nuovo il momento di un esercizio estremamente utile, uno strumento immediato per capire queste caratteristiche dell'azienda che vogliamo esaminare: l'*indice di correlazione cash* (o di liquidità).

Passiamo alla pratica e poi ci spieghiamo meglio. Dobbiamo fare una divisione:

(tempo stimato 5 secondi)
crediti verso clienti / fatturato = %

Nella ormai consueta annotazione breve:

SP – A – CII – 1 / CE – A – 1(*)

(*) Viene considerata la voce "ricavi delle vendite e delle prestazioni", può però essere integrata aggiungendo anche l'importo della voce CE-A-5 "altri proventi" se di importo ritenuto significativo.

Con questa operazione otteniamo una percentuale che ci indica con buona approssimazione se l'azienda esaminata è in grado di incassare i propri crediti in breve tempo o se invece tende a ottenere i pagamenti in tempi più dilazionati.

Una percentuale bassa significa che gli incassi avvengono a scadenze ravvicinate, una percentuale alta indica tempi di pagamento più lunghi.

Esaminiamo i possibili risultati:

1) Il risultato ideale sarebbe zero, se infatti il bilancio non presentasse crediti verso clienti ciò significherebbe che tutto viene incassato all'atto della prestazione o addirittura in anticipo, può essere il caso ad esempio degli esercizi commerciali con vendita al dettaglio, dove normalmente si paga alla cassa al momento dell'acquisto.
[SEMAFORO VERDE]

2) Quando il risultato dell'indice di correlazione cash è superiore a zero ma rimane nel limite del 10%, allora possiamo comunque parlare di cash cow, quindi di un'azienda che ha ridotti tempi di incasso dei crediti vantati verso i propri clienti.
[SEMAFORO VERDE]

3) Se l'indice di correlazione cash sale fino al 25%, la valutazione è abbastanza buona in quanto i tempi di incasso sono ancora da considerarsi ragionevolmente brevi. In una situazione del genere la valutazione può essere più o meno severa a seconda della personale sensibilità.

[SEMAFORO VERDE o GIALLO]

4) Con un indice che si avvicina al 50%, la liquidità comincia a scarseggiare e quindi l'azienda avrà dovuto affrontare il problema delle proprie necessità finanziarie: probabilmente avrà linee di credito, finanziamenti o mutui bancari per coprire il fabbisogno di denaro.

[SEMAFORO GIALLO]

5) Con percentuali che sono ancora più alte, che si avvicinano al 100% (e talvolta lo superano) sarà opportuno verificare con attenzione la reale entità ed esigibilità dei crediti indicati in bilancio.

[SEMAFORO ROSSO]

Adesso devi inserire nella tabella del semaforo il secondo colore, in base al risultato che hai ottenuto, poi il terzo, il quarto e così via per i risultati che otterrai per ogni correlazione che deciderai di calcolare.

SEGRETO n. 2: utilizza l'indice di correlazione di liquidità (*cash index*) per capire se l'azienda è in grado di incassare velocemente o se invece deve attingere a forme di finanziamento.

L'annoso problema dei contratti derivati

I *contratti derivati* traggono questa denominazione dal fatto che non riguardano strumenti finanziari acquistati direttamente, come nel caso di titoli azionari od obbligazioni, ma che appunto derivano da contratti di questo tipo.

Nel caso delle aziende il discorso è leggermente diverso, nel senso che, spesso, i prodotti sui quali sono "indirizzati" i prodotti derivati sono indici di riferimento o tassi di interesse, e l'azienda si impegna a subirne (positivamente o negativamente) le variazioni.

Non è certo questa la sede per una trattazione approfondita sulla struttura dei *derivati*, ma dal momento che potrebbero avere un impatto rilevante sul bilancio è opportuno che se ne dia menzione e che si abbia qualche strumento per valutarli.

La disciplina in materia civilistica ha subito delle importanti modifiche proprio a partire dai bilanci per l'anno 2016; allo scopo di rendere più visibile l'esistenza di questi prodotti all'interno del bilancio aziendale e di aumentare la trasparenza dei dati e delle informazioni, è stata eseguita un'apposita modifica allo schema di stato patrimoniale.

In linea generale esistono due tipologie di contratti derivati, che descrivono due diverse filosofie di applicazione: contratti *di copertura* e contratti *speculativi*.

Gli amministratori delle società hanno l'obbligo di identificare a quale dei due tipi appartengono i contratti derivati sottoscritti, proprio perché l'appartenenza all'una o all'altra categoria potrebbe determinare risultati completamente diversi, anche a parità di strumento derivato sottoscritto.

Un contratto di copertura è collegato a un prodotto finanziario che l'azienda effettivamente detiene, e ha sostanzialmente lo scopo di compensare le variazioni del mercato; ad esempio può compensare la variazione del tasso di interesse di un mutuo acceso dall'azienda.

Accade, pertanto, che se gli interessi su un mutuo aumentano per l'innalzamento del tasso di riferimento (supponiamo Euribor a tre mesi), l'azienda da un lato pagherà più interessi sulla rata del mutuo, ma dall'altro compenserà tutto o in parte questo aumento con il derivato che invece "puntava" a favore dell'aumento e che quindi viene remunerato dalla banca.

Questo tipo di contratto stabilizza gli oneri finanziari che l'azienda dovrà sostenere per la durata del mutuo, ed è quindi un modo per pianificare le spese da sostenere per il futuro: diventa in pratica uno strumento di pianificazione finanziaria.

Un contratto speculativo, invece, non è legato ad alcun prodotto finanziario detenuto dall'azienda, ma risulta essere una sorta di scommessa sulle variazioni sul mercato di una determinata grandezza (ad esempio: il tasso di interesse citato in precedenza).

Detto questo è chiaro che, non avendo alla base alcuna pianificazione finanziaria, il contratto derivato speculativo può tradursi in una fortunata vincita o in una rovinosa perdita, ma allora è meglio intraprendere attività di questo tipo senza mettere di mezzo le aziende.

Fatta questa doverosa premessa, come faccio a identificare se nel bilancio vi è traccia o meno di contratti derivati?

Secondo le nuove disposizioni normative, le variazioni causate dai contratti derivati trovano posto in queste voci:

SP – P – A – VII   **(riserva di patrimonio netto)**

N.B.: per i derivati di copertura, la riserva sarà positiva se l'effetto del derivato è positivo o viceversa.

CE – D – 18c   **(rivalutazione attività finanziarie)**
CE – D – 19d   **(svalutazione attività finanziarie)**

N.B.: per i derivati speculativi, D18 in caso di effetto positivo e

D19 in caso di effetto negativo.

SEGRETO n. 3: i contratti derivati sono la bestia nera dei prodotti finanziari; verifica se sono stati utilizzati in maniera oculata, per la copertura di altri rischi, o in modo sconsiderato come scommesse.

La correlazione speculativa

Adesso vediamo come calcolare un indice significativo che tenga conto dell'impatto delle variazioni dei derivati speculativi sulle performance aziendali. Una correlazione, quindi, che identifica se l'aspetto speculativo riveste un ruolo importante o meno.

In particolare avremo il seguente calcolo (tempo previsto 8 secondi):

Variazione derivati / Margine operativo netto

N.B.: il margine operativo netto, anche scritto con l'acronimo MON, indica la differenza tra i ricavi e i costi di gestione operativa, tralasciando cioè il risultato della gestione finanziaria e le imposte. Questo valore si traduce nella sottrazione (A-B) delle voci del conto economico.

Usando l'annotazione breve, il nostro indice sarà:

$$CE - D - 18c \, (*) \, / \, (CE - A) - (CE - B) = \%$$

oppure

$$CE - D - 18c \, (*) \, / \, MON$$

(*) L'indice si basa sulla variazione ottenuta dai derivati, positiva o negativa che sia, quindi la divisione può essere calcolata considerando a numeratore il valore assoluto della voce 18c o della 19d.

Con questa formula hai calcolato il rapporto esistente tra il margine operativo netto (una delle misure della redditività di un'impresa) e la componente speculativa. Un risultato pari a zero sottintende che non vi siano contratti derivati speculativi o che non abbiamo sortito effetti.

Se, invece, l'effetto non è infinitesimale e quindi è calcolabile, potremmo avere la seguente situazione:

1) una percentuale inferiore al 10% può essere considerata poco influente sull'economia globale dell'azienda.

[SEMAFORO VERDE]

2) una percentuale compresa tra il 10% e il 50% è certamente significativa, e può essere una situazione di allarme da valutare. Il risultato aziendale risente dell'incidenza di contratti derivati.

[SEMAFORO GIALLO]

3) una percentuale superiore al 50%, è una situazione da valutare con estrema accortezza. Vi è il rischio che l'intero risultato aziendale possa essere vanificato da situazioni esterne, che possono determinare variazioni di valore dei contratti derivati così importanti da annullare l'intero profitto.

[SEMAFORO ROSSO]

Questa è la rappresentazione della mia personale propensione al rischio, ma ognuno deve sentirsi libero di modificare le percentuali di riferimento in base al proprio modo di agire.

SEGRETO n. 4: ogni azienda, così come ogni imprenditore e

in genere ognuno di noi, ha una personale propensione al rischio. La propensione al rischio è determinante per la valutazione complessiva.

Il principio del professionista

Con l'occasione approfitto per introdurre un concetto che può essere esteso a tutte le considerazioni presenti nel manuale, un concetto non mio ma del formatore professionista Max Formisano, il cosiddetto *principio del professionista* che si traduce in questa frase che faremo nostra:

"Preparati benissimo e poi sentiti libero di deviare come vuoi, purché tu raggiunga l'obiettivo."

In poche parole, da un lato c'è l'invito a prepararsi professionalmente, anche se non sei un professionista di questo settore, a studiare attentamente le formule e le strategie che ti propongo, ma allo stesso tempo ti è lasciata la possibilità di deviare e quindi apportare modifiche a quanto ti viene indicato, purché queste modifiche, le tue personalizzazioni, siano funzionali al raggiungimento del tuo scopo.

SEGRETO n. 5: "**Preparati benissimo e poi sentiti libero di deviare come vuoi, purché tu raggiunga l'obiettivo**". Per ottenere il risultato desiderato comportati come un professionista.

RIEPILOGO DEL CAPITOLO 3:

- SEGRETO n. 1: le aziende possono assomigliare a delle *cash cow* e produrre liquidità, oppure a un *bottomless pit*, il cosiddetto pozzo senza fondo.

- SEGRETO n. 2: utilizza l'indice di correlazione di liquidità (correlazione Cash) per capire se l'azienda è in grado di incassare velocemente o se invece deve attingere a forme di finanziamento.

- SEGRETO n. 3: i contratti derivati sono la bestia nera dei prodotti finanziari; verifica se sono stati utilizzati in maniera oculata, per la copertura di altri rischi, o in modo sconsiderato come scommesse.

- SEGRETO n. 4: ogni azienda, così come ogni imprenditore e in genere ognuno di noi, ha una personale propensione al rischio. La propensione al rischio è determinante per la valutazione complessiva.

- SEGRETO n. 5: "Preparati benissimo e poi sentiti libero di deviare come vuoi, purché tu raggiunga l'obiettivo". Per ottenere il risultato desiderato comportati come un professionista.

Capitolo 4:
Le correlazioni patrimoniali

Ho detto che questo manuale avrebbe avuto un taglio prettamente pratico e non voglio smentirmi, anzi intendo mettere a tua disposizione altri indici di correlazione che faranno parte di quel bagaglio informativo necessario a prendere le tue decisioni.

Che tu sia un imprenditore alle prese con la valutazione di un'attività da acquistare o incorporare, che tu sia desideroso di metterti finalmente "in proprio" e diventare il capo di te stesso, o che tu sia un consulente chiamato a dare un parere professionale, non puoi prescindere dal considerare alcuni aspetti dello stato patrimoniale.

Lo stato patrimoniale ha la caratteristica di riassumere dati riguardanti crediti e debiti, e quindi informazioni che molto spesso riguardano un arco temporale più ampio del normale periodo d'imposta (un anno); anzi, a volte ripercorrono l'intera vita dell'azienda.

Adesso ti presento due indici che saranno strategici per arricchire il tuo corredo di informazioni e aumentare la possibilità di scelta tra i diversi indici proposti.

SEGRETO n. 1: è possibile creare un personale paniere di indici, questo paniere conterrà i criteri di valutazione che verranno considerati maggiormente idonei per le proprie necessità.

La correlazione di recupero
In realtà dovrei parlare di correlazioni al plurale, ma il motivo per cui uso il singolare sarà più chiaro tra poco, per adesso mi limito a indicare la formula nella sua struttura più semplice:

debiti / utile (*)

(*) In mancanza di utile (quindi nel caso in cui sia stata conseguita una perdita), questa tipologia di indici non deve essere calcolata. Non la riporto nella formulazione abbreviata

perché devo prima chiarire il significato di *debito*.

Il capitolo del debito, in un bilancio, raccoglie tutte le pendenze in essere alla data di chiusura del bilancio stesso, e normalmente tra i debiti annoveriamo quelli verso i fornitori, le banche, i dipendenti (sia per gli stipendi che per le trattenute), i soci ecc.

Possiamo quindi sbizzarrirci nel calcolare per ogni singola tipologia una correlazione specifica:

- correlazione di recupero del debito fornitori
- correlazione di recupero del debito banche
- correlazione di recupero del debito imposte
- ecc.

È un esercizio che consiglio poiché ogni correlazione calcolata ha qualche informazione da offrire, però mi sento anche di ricordarti che uno dei nostri compiti è quello di semplificare e quindi ti proporrò alcune indicazioni per centrare meglio l'obiettivo, proprio per fare cioè una scelta di quelle che sono le correlazioni più significative e che a buon diritto devono stare nella tabella del semaforo (ricorda quello che hai letto nel secondo capitolo!).

Ci sono debiti di natura *corrente*, vale a dire quelli che servono per l'esercizio quotidiano dell'attività, ad esempio i debiti per la fornitura della merce che viene esposta in un negozio o che viene venduta in un bar, i debiti per le utenze che sono quindi strettamente legate all'attività di ogni giorno ecc.; questi debiti sono caratterizzati da durate molto brevi (30-60-90 giorni).

Poi ci sono debiti che hanno invece natura *pluriennale*, nel senso che influenzano la vita dell'azienda per un periodo che, nei casi migliori, è di tre o quattro anni ma spesso arriva a dieci anni o più; questi sono i debiti verso le banche o altri finanziatori simili.

SEGRETO n. 2: i debiti sono un "male" necessario, con le correlazioni di recupero puoi scoprire se sono sotto controllo o se invece si stanno impadronendo dell'azienda stessa.

Per le considerazioni fatte finora, una scelta oculata dovrebbe essere quella di privilegiare i debiti verso le banche e altri finanziatori, e di certo non è una scelta casuale. L'esperienza mi ha convinto, e sono sicuro che tu possa condividere questo mio pensiero, che nel rapporto con i finanziatori e soprattutto con banche e istituti di credito in genere vi sia uno dei nodi più critici della gestione aziendale.

Il rapporto con questa particolare categoria di fornitori è un elemento dal quale qualsiasi analisi non può prescindere.

La maggior parte delle imprese accende finanziamenti, mutui, linee di credito varie, e quindi inesorabilmente si crea questo rapporto, questa obbligazione tra le parti.

Da quanto detto puoi renderti conto che conoscere la capacità media dell'azienda di restituire i propri debiti, soprattutto nel caso dei debiti bancari, sia molto importante e significativo per la tua indagine.

(tempo stimato 5 secondi)

debiti banche / utile

SP – P – D4(*) / SP – P – A – IX

(*) Come detto prima, la scelta può riguardare D4 o D5 o anche

la somma delle due voci (D4 + D5).

Calcolando questo indice valutiamo quanti anni sono necessari per rifondere completamente il nostro debito, partendo dall'ipotesi che l'azienda abbia anche negli anni futuri lo stesso livello di profitto considerato nella nostra operazione di divisione.

Qualche breve esempio con dati presi da bilanci veri:

Esempio 1

Debito verso banche	→	75.220
Finanziamento di terzi	→	15.000
Utile	→	3.403

$$(75.220+15.000)/3.403 = \mathbf{26,51}$$

L'indice ci sta dicendo che ci vorrebbero più di 26 anni per restituire a banche e finanziatori le somme prese in prestito, un periodo di tempo piuttosto lungo.

Esempio 2

Debito verso banche	→	47.824
Finanziamento di terzi	→	15.000
Utile	→	20.108

$$(47.824-15.000)/20.108 = \mathbf{3,12}$$

Questa volta l'indice ci rappresenta una situazione diversa, bastano poco più di tre anni per restituire a banche e finanziatori le somme prese in prestito, una situazione che potremmo definire molto positiva. Adesso però ti devo svelare un segreto… i dati degli esempi riguardano la stessa società in due anni consecutivi!

Magari adesso stai storcendo il naso e starai pensando che allora quello che ti ho detto in questo capitolo non serve a nulla, se i risultati sono così diversi.

Non è questa la reazione che voglio farti avere! Ho volutamente cercato un esempio con numeri tali da creare il "problema". È stato un trucco benevolo per introdurre un concetto che ritengo molto importante per la corretta applicazione di tutti i principi che ho esposto fino a ora.

SEGRETO n. 3: la situazione debitoria o creditoria può

variare, in maniera anche significativa, da un anno all'altro. È importante eseguire il calcolo degli indici su diversi anni.

La correlazione tangibile e intangibile

Le immobilizzazioni, vale a dire quelle spese affrontate dall'azienda e che si presume prestino un'utilità pluriennale, si distinguono in via generale tra tangibili e intangibili. Sono tangibili quelle costituite da beni reali come, ad esempio:

- macchinari
- computer
- arredi
- impianti ecc.

Sono intangibili quelle che invece non sono individuabili come oggetti reali, ad esempio:

- marchi
- brevetti
- software ecc.

Per tutti questi beni è facile supporre che non deperiscano nel volgere di un solo anno, altrimenti dovremmo immaginare che in un ufficio (ogni singolo anno) sia necessario cambiare scrivanie, sedie, armadi ecc., e ovviamente questo non accade. Il loro valore d'acquisto (costo storico) viene annualmente diminuito a seguito del cosiddetto ammortamento, vale a dire che la società beneficia di quella quota di costo che si presuma identifichi la parte di utilità che il bene ha prestato nell'anno preso in esame.

Per dirla in breve, se presumiamo che la nostra scrivania durerà almeno dieci anni allora ogni anno (per dieci anni) potremo recuperare la spesa fatta nella misura di 1/10, se invece stimiamo una durata di 15 anni allora ogni anno calcoleremo 1/15, e così via.

Ma passiamo ai calcoli:

(tempo stimato 5 secondi)

fondo ammortamento / immobilizzazioni immateriali = %

SP – A – B – I-2 (*) / SP – A – B – I-1(*)

(*) B – II-1 per le immobilizzazioni materiali e B – II-2 per il fondo ammortamento dei beni materiali.

Qualche breve esempio con dati presi da bilanci reali depositati presso le Camere di Commercio.

Esempio 1

F.do ammortamento	→	129.979
Immob. materiali	→	352.848
Indice correlazione	→	37%

Questo risultato indica che le immobilizzazioni materiali (impianti, macchinari, attrezzatura ecc.) sono relativamente nuove e quindi soggette a poca usura e a scarsa probabilità di dover essere sostituite.

Questo potrebbe anche essere definito *indice di obsolescenza*, proprio per la capacità di individuare il rischio di sostituzione delle immobilizzazioni.

Esempio 2

F.do ammortamento	→	314.240
Immob. immateriali	→	432.475
Indice correlazione	→	73%

Questo risultato indica che le immobilizzazioni immateriali (marchi, software, brevetti ecc.) sono meno recenti e quindi è maggiore il rischio di dover sostenere spese per il rinnovo o lo sviluppo.

Il mio consiglio per posizionare dei limiti di riferimento è:

- indice < 30%   [SEMAFORO VERDE]

- 30% < indice < 60%   [SEMAFORO GIALLO]

- indice > 60 %   [SEMAFORO ROSSO]

SEGRETO n.4: le correlazioni sui beni tangibili e intangibili permettono di farsi un'idea sulla necessità di dover cambiare o rinnovare quei beni necessari all'attività aziendale.

ROI, ROE, ROS, ROD...

A qualcuno questi acronimi non dicono nulla, a chi invece è più addentro nell'analisi di bilancio appaiono familiari. Sono indici di bilancio utilizzati da sempre. I più noti sono:

ROI = *Return On Investment*, che mette in relazione l'utile operativo con il capitale investito

ROS = *Return On Sales*, che mette in relazione l'utile operativo e il fatturato

ROE = *Return On Equity*, che determina il quoziente di redditività globale.

Volevo assicurarvi che in questo manuale non verranno trattati. Non c'è astio verso questi indici, che sono sicuramente utili e che vengono normalmente usati per le valutazioni del caso, ma non possono trovare posto in un libro che si propone di semplificare la vita a chi è desideroso di migliorare la propria abilità di leggere un bilancio.

Sicuramente da questi sono stati tratti degli spunti per creare alcuni degli indici che sono presentati in questo libro, del resto l'evoluzione implica che vi sia una continua trasformazione di ciò che esiste verso una forma nuova.

Questi indici presuppongono sostanzialmente la cosiddetta riclassificazione del bilancio: cioè alcune voci devono essere opportunamente "spostate" affinché la rappresentazione dei dati sia confacente al sistema di calcolo utilizzato da questi indici.

Tutto questo non va nella direzione della semplificazione; è chiaro che si tratta di una scelta di campo, ci sono professionisti che trascorrono il loro tempo riclassificando (e facendolo anche molto bene!), io invece ho fatta mia la convinzione che al lettore interessi la filosofia della semplificazione e quindi mi atterrò a questa scelta.

Sia chiaro! Da parte mia non è un invito a non usarli o a non interessarsi a come adoperarli al meglio, semplicemente non li reputo strumenti adatti al fine che mi sono posto fin dall'inizio.

Ma nulla vieta al lettore interessato di approfondire la materia e libri adatti sono disponibili ovunque, quindi l'opportunità di imparare non viene negata a nessuno.

SEGRETO n.5: gli indici di bilancio, come tutte le cose, sono soggetti a evoluzione. Quello che esiste si trasforma in una nuova forma.

RIEPILOGO DEL CAPITOLO 4:

- SEGRETO n. 1: è possibile creare un personale paniere di indici, questo paniere conterrà i criteri di valutazione che verranno considerati maggiormente idonei per le proprie necessità.

- SEGRETO n. 2: i debiti sono un "male" necessario, con le correlazioni di recupero puoi scoprire se sono sotto controllo o se invece si stanno impadronendo dell'azienda stessa.

- SEGRETO n. 3: la situazione debitoria o creditoria può variare, in maniera anche significativa, da un anno all'altro. È importante eseguire il calcolo degli indici su diversi anni.

- SEGRETO n. 4: le correlazioni sui beni tangibili e intangibili permettono di farsi un'idea sulla necessità di dover cambiare o rinnovare quei beni necessari all'attività aziendale.

- SEGRETO n.5: gli indici di bilancio, come tutte le cose, sono soggetti a evoluzione. Quello che esiste si trasforma in una nuova forma.

Capitolo 5:
Come trovare il vero profitto

Il vero profitto

Qual è la prima cosa che fai quando prendi in mano un bilancio?

Ci scommetto la testa… vai a vedere l'ultimo numero riportato in fondo al bilancio, quello chiamato: "utile (perdita) di bilancio"!

Uno dei numeri meno utili della storia della contabilità.

Adesso te lo dimostro!

Supponi di leggere al termine del bilancio che stai esaminando che l'utile dell'esercizio (CE-E-23 o CE-D-21 dal 2016 – *cfr* una qualsiasi tabella di raccordo che puoi agevolmente trovare su internet) è pari a 200.000 euro, questo ti fa tirare un sospiro di sollievo perché l'azienda produce un buon reddito. Se però ti facessi notare che poco prima dell'utile, alla voce E, "proventi e oneri straordinari", c'è una plusvalenza per la cessione di un bene per 199.000 euro, sei sicuro di conservare la sensazione di benessere che ti aveva pervaso un attimo prima?

Io, fossi in te, farei sparire il sorriso dalle labbra nel rendermi conto che senza quella plusvalenza (trattasi di un valore straordinario e quindi per antonomasia non ripetibile) l'utile finale sarebbe solo di 1.000 euro

Mi pare che la prospettiva sia cambiata radicalmente, è bastato un semplice passaggio per evitare di fare un grosso errore di valutazione. La stessa cosa si potrebbe dire per il caso inverso:

Perdita di bilancio   →   48.000

Sopravvenienza passiva straordinaria   →   98.000

Al netto della voce straordinaria avremmo un utile di 50.000, allora forse varrebbe la pena di approfondire quanti "utili" ci sono in un bilancio.

SEGRETO n 1: non è tutto oro quello che luccica e un numero, preso nella sua individualità, può essere inutile (anzi a volte dannoso!) se non correttamente contestualizzato.

Partiamo dalla... fine:

- utile dell'esercizio, quello che hai visto negli esempi sopra riportati;

- (A – B + C +/- D), l'utile prima delle imposte;

- (A – B + C) l'utile al netto della gestione straordinaria (quindi l'utile di esercizio meno proventi e oneri straordinari);

- (A – B), la differenza tra valore della produzione (A) e costi di produzione (B), detto anche MON (*cfr* capitolo 3) o EBIT (acronimo anglosassone per "Earning Before Interest and Taxes" cioè l'utile prima degli interessi e delle tasse).

Il primo utile che possiamo rilevare in un bilancio è il MOL (Margine Operativo Lordo) anche detto EBITDA (*Earning Before Interest, Tax, Depreciation and Amortization*, l'utile prima degli interessi, delle tasse, delle svalutazioni e degli ammortamenti).

Il MOL e il MON (EBITDA ed EBIT) sono i dati che permettono di valutare se l'azienda è in grado di generare profitto svolgendo la propria attività principale, al netto di accadimenti e vicissitudini che possono influenzare in senso positivo o negativo il risultato finale. Questi valori servono a percepire se il *core business* è generatore di ricchezza nelle sue componenti fondamentali.

Gli utili che sono individuati dopo MOL e MON dimostrano in che modo la gestione finanziaria e straordinaria influenzano la performance finale dell'azienda.

Credo di averti dimostrato che esistono più utili e che l'unica voce che viene definita in questo modo nel bilancio sia quella che forse ha meno da raccontare.

SEGRETO n. 2: un bilancio è in grado di fornirci più di un valore di profitto, dipende dai nostri obiettivi e dalla chiave di lettura usata. È sempre meglio dare uno sguardo a tutti i "profitti".

La correlazione del personale

Le spese del personale, il costo dei dipendenti, il peso aziendale che hanno... è un'annosa questione, soprattutto in Italia dove non passa giorno senza che si senta qualche *media* annunciare che le aziende tendono a migrare all'estero perché la manodopera è più a buon mercato, che in Italia metà della busta paga viene tagliata dalle tasse, e così via. Chi non ha mai sentito parlare di cuneo fiscale, IRAP, articolo 18? E potremmo continuare a lungo.

Non c'è dubbio, quindi, che per una società gli aspetti economici legati al rapporto con i lavoratori dipendenti siano significativi.

Non può mancare, allora, un indice che ci fornisca qualche informazione su questo aspetto così rilevante, cioè come si correlano le spese affrontate per il personale con le altre grandezze aziendali.

Le spese sostenute per il personale sono indicate nella voce del conto economico:

Conto economico

    B) COSTI DELLA PRODUZIONE

        9) Per il personale

Quindi nell'annotazione breve: **CE-B-9**

È possibile mettere in correlazione questo valore con diverse grandezze aziendali, ad esempio con il valore delle vendite, avremo in questo caso:

(tempo stimato 4 secondi)

CE-B-9 / CE-A-1

Questa percentuale ci offre un dato rilevante: quanto pesa il costo dei dipendenti sul fatturato aziendale. Inutile dire che maggiore è questa percentuale, maggiore è il peso del personale. I costi relativi ai dipendenti, a differenza degli altri costi dei fornitori (i dipendenti sono i fornitori del bene *lavoro*), pur non essendo considerati costi fissi sono però meno variabili.

Cosa vuol dire?

In poche parole significa che l'azienda che in un certo momento si trovasse a non avere sufficiente richiesta dei propri beni, semplicemente non acquisterà la materia prima dallo specifico fornitore. La stessa cosa non vale però per i dipendenti: l'azienda non può semplicemente lasciarli a casa.

Quindi se la spesa per il personale è rilevante rispetto al fatturato vi sarà un maggior rischio in caso di crisi dell'azienda.
Non indico dei limiti di riferimento per questo semaforo, ognuno può scegliere i livelli che ritiene più opportuni.

L'arco temporale

Hai acquisito diversi metodi per dare più significato ai numeri presenti in un bilancio, pertanto ti sei reso conto che *correlando* alcune grandezze prese da voci dello stato patrimoniale e del conto economico ottieni dei valori (indici) che vanno ben oltre il semplice risultato di utile o perdita.

Il numero che leggiamo in fondo al bilancio, e che conosciamo appunto come utile o perdita di un certo anno d'imposta, potrebbe essere fuorviante in quanto risultato finale di un processo che ha visto sommare e sottrarre innumerevoli voci, appartenenti sia al cosiddetto *core business,* cioè all'attività principale (anche detta attività tipica), e sia a eventi *una tantum* o straordinari, che quindi per loro stessa natura non dovrebbero ripetersi.

Uno dei modi per ovviare all'influenza di quegli elementi che assumono la caratteristica di eventi straordinari, o che comunque si sono manifestati in maniera del tutto sporadica, è quello di prendere in considerazione un arco temporale superiore a quello solitamente descritto in un bilancio, pari a un anno; l'arco temporale in questo caso non dovrebbe essere inferiore a tre anni e non superiore a sei-sette.

SEGRETO n. 3: gli indici di correlazione vengono calcolati sui dati relativi a un singolo anno, potrebbe quindi accadere che vengano influenzati da eventi di natura sporadica o straordinaria.

Cosa significa allargare l'esame a più annualità?

Allargare l'esame a più annualità significa allargare l'arco temporale, come se per centrare il bersaglio dovessimo tirare più forte la corda in modo da scoccare il nostro dardo per farlo arrivare più lontano possibile.

Significa eseguire gli stessi passaggi di calcolo e ripeterli per ogni singolo anno. Questo ti darà modo di disegnare tante colonne con i semafori quanti sono gli anni che vuoi controllare, e conseguentemente fare un'analisi di tendenza (*trend line*).

81

Esempio:

	2012	2013	2014	2015	2016
INDICE 1	giallo	giallo	verde	verde	verde
INDICE 2	verde	giallo	verde	verde	giallo
INDICE 3	rosso	giallo	giallo	verde	verde
INDICE 4	verde	giallo	rosso	rosso	rosso
INDICE 5	giallo	giallo	giallo	giallo	verde

Questo è un modo efficace per rappresentare i risultati dei nostri indici per ogni annualità considerata. Se immaginiamo questa tabella adeguatamente colorata di verde, giallo e rosso (*cfr* capitolo 2 – La cassetta degli strumenti) saremo subito colpiti dal suo forte potere evocativo.

SEGRETO n. 4: studiare le variazioni a cui sono stati soggetti gli indici di correlazione nell'arco di più anni genera una matrice di dati.

La matrice delle soluzioni

La disposizione degli indici sulle righe e delle diverse annualità nelle colonne crea una matrice di dati, denominata *matrice delle soluzioni*. Questa matrice di dati, se correttamente compilata, ci permette di individuare la risposta a molte domande, ad esempio grazie alla matrice possiamo intuire se per determinate grandezze e indici sia in atto un:

TREND POSITIVO → quando passo dal rosso al verde

TREND NEGATIVO → quando passo dal verde al rosso

TREND STABILE → quando non ho sostanziali variazioni

La visualizzazione di un trend (positivo, negativo o stabile) ti permette di contestualizzare e rafforzare con maggiore precisione se il valore di una correlazione, calcolato per un certo anno, sia stato casuale – e quindi complessivamente poco significativo – o se, invece, sia da inserire in una direzione chiara e quindi rilevante per la tua analisi.

SEGRETO n. 5: ordinare opportunamente indici e annualità diverse crea la *matrice delle soluzioni*, all'interno della quale saranno visibili le linee di tendenza.

RIEPILOGO DEL CAPITOLO 5:

- SEGRETO n 1: non è tutto oro quello che luccica e un numero, preso nella sua individualità, può essere inutile (anzi a volte dannoso!) se non correttamente contestualizzato.

- SEGRETO n. 2: un bilancio è in grado di fornirci più di un valore di profitto, dipende dai nostri obiettivi e dalla chiave di lettura usata. È sempre meglio dare uno sguardo a tutti i "profitti".

- SEGRETO n 3: gli indici di correlazione vengono calcolati sui dati relativi a un singolo anno, potrebbe quindi accadere che vengano influenzati da eventi di natura sporadica o straordinaria.

- SEGRETO n. 4: studiare le variazioni a cui sono stati soggetti gli indici di correlazione nell'arco di più anni genera una matrice di dati.

- SEGRETO n. 5: ordinare opportunamente indici e annualità diverse crea la *matrice delle soluzioni*, all'interno della quale saranno visibili le linee di tendenza.

Capitolo 6:
La supercorrelazione

Ora, se hai svolto bene i tuoi esercizi di calcolo e ti sei impegnato nel comprendere il valore e l'utilizzo delle correlazioni, se ti sei impegnato nella compilazione delle tabelle dei semafori a colonna, a griglia, se hai realmente appreso come fare lo studio delle trend line, allora sei pronto per l'ultimo passaggio.

Indice sintetico di supercorrelazione

L'*indice di supercorrelazione* possiamo definirlo come "l'indice degli indici", poiché per arrivare a dare un volto a questo parametro non si farà più riferimento ai dati del bilancio, ma verranno presi in considerazione gli indici di correlazione già utilizzati in precedenza.

Il calcolo della supercorrelazione non può prescindere dal tuo specifico apporto personale, difatti è un valore che sarà differente da persona a persona e risentirà proprio della sensibilità di ognuno, a seconda dell'obiettivo che ci ha spinto a interpretare il bilancio. L'intervento personale avviene in quattro fasi distinte.

SEGRETO n. 1: la supercorrelazione è il cosiddetto indice degli indici, un indicatore sintetico che riassume in un'unica misura tutti gli indici di correlazione che sono stati calcolati.

Fase I

Scegli, tra tutti quelli che sono stati proposti e tra quelli che eventualmente ti sei personalmente ideato, gli indici che ritieni più adatti e significativi per il tuo caso. Il consiglio è quello di scegliere cinque, massimo sei indici, ma è possibile usarne anche di più. Eccedere nel numero però rischia solo di creare un falso positivo, cioè un risultato complessivo influenzato da indici non rilevanti.

Fase II

È uno dei momenti chiave di questo metodo. In questa fase devi ordinare gli indici di correlazione, quelli scelti nella fase I secondo le tue priorità. Non è ammesso dare lo stesso grado di importanza a più di un indice, devi fare una scelta. Una volta che hai ordinato gli indici dal più importante al meno importante, darai a ognuno un peso diverso.

Se, ad esempio, hai scelto sei indici, al primo assegnerai il punteggio 6, al secondo in ordine di importanza assegnerai il punteggio 5, al terzo il punteggio 4, e così via fino all'ultimo che, naturalmente, avrà il punteggio 1.

Fase III

La terza fase è quella dei calcoli, devi cioè trovare il valore degli indici scelti e valutare, in base alle indicazioni che hai letto nei capitoli precedenti, se quell'indice ha guadagnato un semaforo rosso, giallo o verde. Dopodiché inserisci nella tua solita tabella dei semafori i colori corrispondenti agli indici calcolati.

Ricapitoliamo brevemente: hai scelto un certo numero di indici che ritieni importanti, li hai elencati in ordine decrescente di priorità associando loro un punteggio, hai calcolato il risultato degli indici e valutato il semaforo corrispondente. Se hai completato tutti i passaggi precedenti, allora puoi procedere con l'ultimo passaggio.

Fase IV

Adesso hai tutti gli elementi per arrivare al valore del "superindice". Visto che a ogni singola correlazione da te scelta è associato un punteggio, non devi far altro che eseguire questo tipo di operazione:

se il semaforo è VERDE → punteggio x 1

se il semaforo è GIALLO → punteggio x 0,5

se il semaforo è ROSSO → punteggio x 0

Una volta eseguite queste operazioni non ti resta che sommare i punteggi così ottenuti: ora sei in possesso dell'indice di supercorrelazione.

SEGRETO n. 2: l'apporto personale è fondamentale per la ricerca di una supercorrelazione che voglia essere tarata sulle proprie personali esigenze.

Qualcosa mi dice che in questo momento tu sia un poco scombussolato. È normale! Questo è un metodo da provare e riprovare, è giusto esercitarsi adeguatamente per comprenderne la reale portata.

Cerco di chiarire meglio con un esempio:

1) Ho scelto 5 indici

2) Li ho ordinati secondo la mia priorità e ho assegnato il punteggio decrescente da 5 a 1

3) Ho individuato il colore del semaforo.

Nella tabella riassumo tutti i dati:

Ind.cash	5	VERDE	5x1	5
Ind.recupero	4	GIALLO	4x0,5	2
Ind.deb.forn.	3	VERDE	3x1	3
Ind.deb.banche	2	ROSSO	2x0	0
Ind.ammort.	1	GIALLO	1x0,5	0,5

Totale indice supercorrelazione = 10,5

10,5 su un massimo di 15 = 70%

Il massimo punteggio che si può ottenere è pari alla somma dei punteggi assegnati nella fase II.

Quindi in caso di 5 indici il massimo punteggio che si può ottenere è: 5+4+3+2+1=15, nel caso di 6 indici: 6+5+4+3+2+1= 21 e così via.

Ribadisco il concetto che il superindice è, tra tutti quelli indicati, quello che più risente degli obiettivi personali: dare una propria priorità alle correlazioni significa identificare le personali aspettative e obiettivi.

La stessa azienda, se studiata da due persone diverse, quindi con obiettivi e finalità differenti, potrà dare luogo a un indice sintetico di supercorrelazione che sarà diverso, poiché saranno diversi gli indici scelti e diversa la priorità con la quale verranno ordinati.

Anche in questo caso metto a tua disposizione la mia esperienza indicandoti una scala di riferimento che, però, potrai decidere di modificare liberamente:

- superindice < 50% identifica una situazione nella quale i tuoi criteri di scelta non vengono soddisfatti e quindi la valutazione è per forza di cose negativa;

- 50% < superindice < 70% evidenzia una situazione molto fluida, quindi la valutazione è neutrale;
- superindice > 70% è indicatore di una valorizzazione positiva delle correlazioni scelte.

F.A.Q.

1) Il metodo delle correlazioni funziona con qualsiasi tipo di azienda?

Sì, il metodo può essere usato e funziona per qualsiasi azienda, indipendentemente dall'attività che essa svolge. Il sistema si basa sullo schema dei dati di bilancio e sulle voci di attivo / passivo e costi / ricavi, che come hai visto nel capitolo 1 sono uguali per tutti.

2) Quale arco temporale è più conveniente utilizzare per il calcolo degli indici?

Il mio consiglio è quello di calcolare le correlazioni sulla base della durata normale dell'esercizio di un'impresa, che normalmente è un anno (non importa se coincidente con l'anno solare o meno). Questo è il periodo solitamente usato per la redazione dei bilanci e quindi conviene usare lo stesso periodo, se però si è in possesso di dati attendibili infrannuali allora i calcoli possono essere eseguiti anche su un periodo di tempo inferiore. Il mio consiglio è di non scendere al di sotto dei sei mesi, altrimenti i dati rischiano di non essere significativi.

SEGRETO n. 3: scegliere un periodo di tempo troppo breve porta a calcolare indici che diventano poco significativi. Valori errati determinano, automaticamente, processi decisionali errati.

3) I risultati degli indici di correlazione possono essere interpretati secondo una scala di riferimento personale?
Io ho cercato di fornire la visione che scaturisce dalla mia esperienza personale e professionale, ma il sistema delle correlazioni è dotato di estrema flessibilità e può quindi essere adattato a esigenze particolari, proprio perché in grado di far emergere informazioni di volta in volta utili ai fini desiderati.

Il lettore che si avvicina a questo sistema per avere uno strumento veloce di supporto alle proprie decisioni potrebbe, di volta in volta, essere interessato a valutare più attentamente solo alcuni aspetti del bilancio e quindi dell'azienda; a questo scopo, una volta acquisita la giusta dimestichezza, si potrà associare a ogni correlazione un peso specifico differente, in modo che la valutazione complessiva abbia in maggior conto proprio quegli aspetti che più ci interessa indagare.

SEGRETO n. 4: il metodo delle correlazioni non può essere avulso dall'apporto personale, è anche in questo che dimostra la sua flessibilità.

4) Posso considerare infallibili risultati che ho ottenuto con il calcolo dell'indice di correlazione?
Se in campo economico e finanziario vi fossero delle certezze assolute e incrollabili probabilmente non vi sarebbe bisogno di calcoli, metodi, valutazioni e strategie, sapremo già con certezza cosa fare, come fare e quando fare. No, evidentemente non è così!

In ogni ambito del nostro quotidiano ci imbattiamo in un grado di incertezza più o meno ampio, ad esempio consultiamo frequentemente le previsioni del tempo considerando significative quelle informazioni, e pur sapendo che non sono certe al 100% le valutiamo come sufficientemente attendibili.

Le previsioni per le 24 ore successive hanno un'attendibilità dell'80-90%... è tanto o poco? Non esiste una risposta certa, qualcuno potrebbe sostenere che è tanto, qualcun altro dire che in fondo significa che sbagliano una volta su dieci o anche di più.
Forse non lo sai ma le previsioni del tempo, in caso di pioggia, hanno un'attendibilità media del... 60%!

Se un chirurgo avesse questa stessa media di successo ti faresti operare da lui? Come vedi la soglia di errore accettabile non solo è soggettiva, ma evidentemente è anche influenzata dal coinvolgimento personale.

Il calcolo delle correlazioni si prefigge lo scopo di disegnare con chiarezza l'ambiente di riferimento di cui si vuole conoscere di più; diciamo che è paragonabile a una bozza esplicativa, uno schizzo ben fatto che lascia intravedere con una certa chiarezza come sarà l'opera finita, ma senza avere la presunzione di delineare ogni più piccolo dettaglio.

Nessun metodo di valutazione può assicurare un'accuratezza del 100%, ma una buona approssimazione permette di fare valutazioni più corrette e quindi agire con maggiori probabilità di successo.

5) Il metodo delle correlazioni può essere affiancato da altri sistemi e metodi di valutazione delle performance aziendali?
Il mondo delle valutazioni economiche e finanziarie è variegato e complesso; non è un segreto che l'economia non sia una scienza esatta e come spiegato nella domanda precedente non c'è alcun sistema che possa fornire una garanzia del 100%.

Sarebbe anche difficile dimostrarlo perché chi si avvicina alla lettura di un bilancio può essere guidato da motivazioni estremamente diverse; quindi si dovrebbe cercare il modo di quantificare l'attendibilità di un metodo per ogni specifico tipo di obiettivo.

Pertanto è sempre buona norma verificare, con diversi metodi e sistemi, ognuno dei quali può avere un approccio e un punto di vista differente, le performance societarie così da crearsi una vasta panoramica della situazione, la più completa possibile.

SEGRETO n. 5: ogni metodo di valutazione presenta pregi e difetti, quindi l'utilizzo contemporaneo di sistemi diversi è da considerarsi del tutto normale.

6) Ho provato a seguire il metodo e le strategie proposte ma ho impiegato molto più di sessanta secondi! Come mai?
Sono sicuro che sia proprio come hai detto, e le prime volte sarà così per tutti. Nessuno può immaginare seriamente di apprendere un metodo da zero e di essere immediatamente capace di metterlo in pratica al meglio, soprattutto quando l'argomento trattato non è banale, ma invece richiede parecchia attenzione.

Il mio amico Mauro Brioschi, uno dei più conosciuti grafici di Milano, quando mi cimento a fare il grafico (più che dilettante) mi apostrofa dicendo: "Eccone un altro!", come a dire: "È arrivato un altro che da zero è convinto di essere diventato subito bravo".

Quando hai inforcato la prima volta la bici avevi le rotelline che evitavano di farti ruzzolare e il tuo orizzonte era il giardino di casa, quando poi hai preso confidenza con la bicicletta hai ampliato il tuo raggio di azione, la tua velocità massima è aumentata; poi hai imparato a pedalare senza toccare il manubrio e allora dal giardino di casa sei passato alle salite in montagna.

Ma tutto questo non è avvenuto in un secondo!

Dopo ti sembra un gioco da ragazzi, ma c'è un *prima*, e come per ogni altra cosa per diventare bravi bisogna sudare. Applicandosi giorno per giorno si raggiunge il risultato sperato.

Se ora ti trovi nella stessa situazione hai già trovato la soluzione, fai esercizio e quello che oggi ti porta via un'ora domani lo farai in un minuto.

SEGRETO n. 6: Nessuno può immaginare seriamente di apprendere un metodo da zero e di essere immediatamente capace di metterlo in pratica al meglio.

RIEPILOGO DEL CAPITOLO 6:

- SEGRETO n. 1: la supercorrelazione è il cosiddetto indice degli indici, un indicatore sintetico che riassume in un'unica misura tutti gli indici di correlazione che sono stati calcolati.

- SEGRETO n. 2: l'apporto personale è fondamentale per la ricerca di una supercorrelazione che voglia essere tarata sulle proprie personali esigenze.

- SEGRETO n. 3: scegliere un periodo di tempo troppo breve porta a calcolare indici che diventano poco significativi. Valori errati determinano, automaticamente, processi decisionali errati.

- SEGRETO n. 4: il metodo delle correlazioni non può essere avulso dall'apporto personale, è anche in questo che dimostra la sua flessibilità.

- SEGRETO n. 5: ogni metodo di valutazione presenta pregi e difetti, quindi l'utilizzo contemporaneo di sistemi diversi è da considerarsi del tutto normale.

- SEGRETO n. 6: Nessuno può immaginare seriamente di apprendere un metodo da zero e di essere immediatamente capace di metterlo in pratica al meglio.

Conclusione

Il miglior modo per imparare a leggere un bilancio è... leggere un bilancio!

È una verità incontrovertibile: per imparare a fare una cosa devi provare in prima persona altrimenti sarai, forse, un grande teorico, però la pratica è un'altra cosa.

Ma io ho anche un'altra certezza: che ora ne sai più di prima. Non sai tutto, ma sicuramente la tua capacità di dare senso a un bilancio, di interpretare i dati con la giusta chiave di lettura, non sono più quelli che avevi (o meglio non avevi!) all'inizio del manuale.

Hai creato la tua cassetta degli attrezzi, hai avuto modo di sperimentare tecniche veloci per capire al volo, in tempo reale, se scartare un'azienda o se continuare nella lettura del bilancio; hai imparato diversi indici di correlazione e come gestire i risultati ottenuti. Hai cronometrato il tempo necessario a eseguire le operazioni e i calcoli, per dimostrare anche a te stesso il tuo miglioramento continuo.

Hai imparato un uso atipico di un semaforo e quindi hai preso confidenza con la matrice delle soluzioni.

Hai potuto sperimentare la flessibilità del *metodo delle correlazioni*, la possibilità di creare da te degli indici, di personalizzarli secondo le tue esigenze e i tuoi obiettivi.

Ora sai anche come sfruttare il principio dell'arco temporale per individuare le trend line di lungo periodo e conoscere qual è stata l'evoluzione dell'azienda nel corso degli anni.

Sei ora in possesso di un mezzo potente come il *superindice* e sai come può essere plasmato in base agli obiettivi che ti sei posto.

Con questo libro hai appreso strumenti e idee, ma soprattutto una tecnica e un sistema che ti permettono di acquisire la chiave di lettura per leggere un bilancio, una chiave che è come un traduttore istantaneo, che trasforma un'informazione incomprensibile in un'informazione che invece parla la tua stessa lingua.

Ricordi cosa ti ho detto nell'introduzione?

Un maestro di musica legge lo spartito come fosse la cosa più naturale e immediata del mondo mentre io vedo solo righe, punti e ghirigori. Adesso sei anche tu un maestro di musica, adesso puoi leggere con disinvoltura lo spartito.

Anche se forse è pleonastico ricordartelo, voglio però sottolineare che nessun cambiamento avviene senza sforzo, nessun miglioramento senza la pratica, nessuna maggiore capacità si ottiene senza costanza e caparbietà.

Per imparare a guidare hai fatto tanta pratica, da bambino per imparare le operazioni le hai dovute scrivere prima su un foglio e oggi, solo dopo tanta pratica, riesci a farle a mente.

La pratica determina il miglioramento, la pratica e la costanza conducono all'eccellenza.

Henry Ford diceva: "Che voi crediate di avere successo o di non averne, avrete comunque ragione!".

Ora tutto dipende da te.

Si può leggere un bilancio in sessanta secondi?

ORA SAI COME FARLO

Per la consulenza aziendale e i corsi sul metodo delle correlazioni:

www.imparatomauro.it   mauro.imparato@gmail.com

www.ingramcontent.com/pod-product-compliance
Lightning Source LLC
Chambersburg PA
CBHW071528200326
41519CB00019B/6108